In 27/ 16760.

In 27/ 16760.

ABEL DE PUJOL

PEINTRE D'HISTOIRE, MEMBRE DE L'INSTITUT.

NOTICE

SUR

ABEL DE PUJOL

PEINTRE D'HISTOIRE, MEMBRE DE L'INSTITUT

Né à Valenciennes, Nord, le 20 janvier 1785, mort à Paris le 28 septembre 1861, inhumé dans le cimetière sous Monmartre,

PAR M. GEORGES ROUGET ✳

Peintre d'histoire.

TYPOGRAPHIE ET LITHOGRAPHIE DE E. PRIGNET, A VALENCIENNES.

1861

1862

ABEL DE PUJOL

MESSIEURS,

Dans une de vos dernières séances, lorsque vous avez appris la mort de M. Abel de Pujol, peintre d'histoire, membre de l'Institut, vous avez voulu que l'expression des sentiments de regret dont vous étiez pénétrés fût constatée, dans vos travaux, comme un juste témoignage rendu à cet éminent artiste, et vous m'avez chargé d'être votre interprète dans l'accomplissement de ce pieux devoir de souvenir et de confraternité.

Je viens m'acquitter de cette tâche, tout en regrettant que votre choix, qui m'honore, ne se soit pas arrêté sur quelqu'un plus à même que moi de le justifier.

Abel de Pujol est né en janvier 1785, à Valenciennes, cette ville à qui la Providence semble avoir accordé l'heureux privilége de créer des artistes et de les voir arriver au premier rang dans les quatre arts : peinture, sculpture (1), architecture et gravure, qui donnent maintenant à l'école française tant d'éclat et de célébrité. N'ayant d'abord connu que sa mère, ses premières années durent se ressentir de l'isolement et de la détresse même de cette position, qui devint plus pénible encore quand, en 1793, au milieu des désastres de la guerre, il fallut s'éloigner de Valenciennes et se réfugier dans un village voisin. C'est là que, forcé de se livrer aux travaux de la campagne, il acquit cette constitution vigoureuse qui l'a si bien servi dans ses grands et nombreux ouvrages. C'est là aussi, à huit ans, que se révéla cette heureuse disposition à observer et retracer les objets qui frappaient

---

(1) MM. Lemaire, membre de l'Institut, député de Valenciennes, Gustave Crauck, Carpeaux, Guillaume et Moyaux.

ses regards. Sa grand'mère, femme instruite et de bon sens, avait compris cette jeune intelligence et avait beaucoup contribué à la développer. Cependant les pauvres fugitifs ne trouvaient pas toujours dans un pénible travail le pain de chaque journée. Le souper manquait quelquefois, et, à ce sujet, Abel aimait à rappeler qu'un soir que sa chère grand'mère lui racontait que des matelots, à la suite d'un naufrage, avaient été jetés dans une île déserte où ils n'avaient rien à manger, il l'avait interrompue, en disant : « Grand'mère, ils étaient donc comme nous, ils n'avaient pas soupé ! »

Ramené à Valenciennes à douze ans et dans une meilleure situation, sa grand'mère, qui connaissait si bien son goût pour le dessin, insista pour qu'il fût admis à l'École des Beaux-Arts de Valenciennes, fondée par M. de Pujol, baron de la Grave, son père naturel, qui fut heureux sans doute de pouvoir lui tendre une main tutélaire, comme plus tard il lui recommanda de prendre son nom de Pujol, qu'il n'avait pu ni ne pouvait lui donner légalement.

Suivant l'usage, on avait voulu qu'il entrât chez un notaire pour y apprendre la connaissance des affaires ; il s'y rendait et copiait fort mal les actes ; mais, en revanche, il dessinait très-habilement deux gravures de Pâris et de Vénus qui ornaient l'étude de l'officier ministériel, qui demanda lui-même qu'on le laissât tout entier aux beaux-arts*, son unique vocation. Il suivit donc avec autant d'assiduité que de zèle les cours de l'école, obtint tous les prix et mérita, par ses brillants débuts, la pension que la ville accorde, dans sa libéralité, à ses jeunes lauréats pour les envoyer étudier et se perfectionner dans les écoles de Paris.

Il entra dans l'atelier de David. A ce nom célèbre, Messieurs, mon émotion est profonde, car moi aussi j'ai été élève de ce grand maître, moi aussi j'ai reçu ses leçons et profité longtemps de ses affectueux conseils, et tant que mon cœur battra, je lui reporterai, avec une vive reconnaissance, la réputation que j'ai pu acquérir dans cet art où il s'est immortalisé par tant de chefs-d'œuvre.

Abel ne tarda pas à remplir l'espoir que David avait fondé sur lui. En 1810, il méritait le second grand prix pour l'école de Rome, et en 1811 il méritait le premier et se rendait dans cette école justement renommée. Mais il ne put y rester qu'un an. Déjà marié, déjà père (1)

---

(1) M. Abel a eu quatre fils de ce mariage. L'aîné, ancien officier de cavalerie, est employé au chemin de fer du Nord ; le second est peintre-décorateur en Algérie : le troisième, professeur de peinture au Lycée de la Rochelle, et le quatrième, rédacteur au ministère d'État, division des beaux-arts.

de famille, sa santé fut altérée par son éloignement des objets de ses plus tendres affections. Il revint donc à Paris, où il dut trouver dans son travail les moyens d'existance que lui refusait son défaut de fortune. Il eut alors de mauvais jours, comme il le répétait souvent. Néanmoins s'il descendait jusqu'à la peinture vulgaire des enseignes, il songeait constamment à des sujets plus élevés et plus dignes de son pinceau ; c'est ainsi que, s'attachant au beau sujet de *Britannicus*, il en fit une remarquable esquisse ; mais il n'avait pas une obole pour exécuter le tableau : un ami, un bienfaiteur, qu'il citait souvent sous ce double titre, M. Bardelini, artiste italien, le rassura en lui faisant une généreuse avance, et lorsqu'elle fut épuisée, lorsque le déjeuner du modèle eut absorbé le dernier écu du peintre, le bienfaiteur renouvela son assistance, et l'œuvre s'acheva ; elle reçut les suffrages du public, et fut achetée par l'État. Le tableau fut donné au musée de Dijon, qui le compte parmi ses plus beaux ornements.

En 1817, une ère nouvelle commença pour Abel, comme pour ses confrères revenant de Rome, aussi bien que pour tous les jeunes artistes qui s'étaient distingués dans les concours ou les expositions.

L'homme d'élite qui était alors à la tête de l'administration de la ville de Paris, le comte de Chabrol, qui l'a si habilement dirigée pendant dix-sept ans, sut, malgré les maux d'une double invasion, faire créer dans le budget municipal des ressources pour donner à ces artistes des travaux qui seraient destinés aux monuments religieux, auxquels, en 1793, l'anarchie et l'ignorance avaient enlevé leurs plus précieux ornements. Je m'honore, Messieurs, d'avoir eu ma part dans cette libérale mesure, qui, poursuivie et sagement développée jusqu'en 1830, a eu l'immense avantage de satisfaire à la piété catholique pour l'ornement de nos temples, et d'ouvrir la carrière à de jeunes émules dont la plupart y ont occupé ou y tiennent encore le premier rang.

M. Larribe (1), ancien chef de division à la préfecture, collaborateur intelligent et zélé du comte de Chabrol, l'a retracée, cette bienfaisante mesure (2), avec un parfait

---

(1) Il a, étant Sous-Préfet de Semur (Côte-d'Or), fondé dans cette ville, en 1835, outre une école de dessin, un musée dont Abel de Pujol, Heim, Blondel, Cortot, Schenez, Alaux, Couder, Picot, Rouget ont été, avec beaucoup de leurs confrères, les premiers donateurs.

(2) Voici le discours prononcé par M. Larribe sur la tombe d'Abel de Pujol, le 30 septembre 1861 :

MESSIEURS,

Permettez-moi aussi de dire quelques mots, après les graves paroles que nous venons d'entendre et qui, par le double mérite de la vérité et de l'élocution, ont si bien interprété les sentiments douloureux dont nous sommes pénétrés. Une ancienne et constante

à-propos, sur la tombe d'Abel, en rendant ainsi au passé la justice qui lui est due, et que malheureusement, de nos jours, l'égoïsme et l'amour-propre oublient ou dissimulent souvent à leur profit.

---

amitié me les inspire, comme un témoignage de plus pour la vie, les travaux et la célébrité de celui dont nous déplorons la perte.

En 1816, lorsque je connus Abel de Pujol, il était du nombre de ces jeunes artistes qui, revenant de l'École de Rome, se trouvaient à Paris dans l'isolement et la détresse. Le deuil de nos défaites s'étendait sur la France entière. Les Arts avaient interrompu leurs ingénieuses productions et le poète seul avait le noble avantage de gémir sur nos malheurs, mais en même temps de prédire le retour glorieux de la victoire et des bienfaits de la paix, sous le règne qui assure, aujourd'hui, la puissance et la grandeur de la patrie (*).

A cette époque de triste souvenir, il appartenait à l'homme d'élite qui était à la tête de l'administration de la ville de Paris, le comte de Chabrol, qui l'a dirigée, pendant 17 années, avec tant d'utilité et de distinction, de chercher les moyens de calmer, autant qu'il dépendait de lui, de si justes regrets et de si profonds découragements. Il sut donc, malgré les difficultés qu'augmentait encore l'inclémence des saisons, faire créer dans le budget municipal une première libéralité pour des travaux de peinture et de sculpture destinés aux monumens religieux que, dans un temps de funeste mémoire, l'anarchie et l'ignorance avaient dépouillés de leurs plus beaux ornements. Une commission, dont j'étais le secrétaire, fut son auxiliaire actif et impartial, dans les mesures qui, jusqu'en 1830, avaient fait consacrer plus de *quinze cent mille francs* à encourager, dans leurs débuts, les peintres, sculpteurs, architectes et graveurs dont la plupart ont été ou sont encore maintenant les maîtres et l'honneur de notre École.

(*) *Messéniennes*, de C. Delavigne.

Parmi les tableaux assez nombreux commandés par la ville de Paris ou par l'État, qui composèrent le Salon de 1817, celui du *Martyr de Saint-Étienne*, par Abel, pour l'église de Saint-Étienne du Mont, eut un véritable reten-

---

Abel de Pujol devait trouver sa place dans cette première distribution et il sut la justifier par son beau tableau du *Martyr de Saint-Étienne*, qui partagea la principale récompense du Salon de 1817, avec le *Lévite d'Ephraïm*, dont l'habile auteur (*) s'est montré, depuis ce mutuel triomphe, au lieu d'un rival un excellent ami.

Plus tard, il ne cessa pas d'avoir une large part dans les travaux de la ville de Paris et il s'y distingua constamment ; mais c'est surtou dans les peintures à fresque de la chapelle de St-Roch, à St-Sulpice, qu'il a prouvé toute la fécondité de son talent, car il employait là un procédé qu'il ne connaissait pas, et cependant l'approbation générale lui fut acquise et le temps lui-même a pris soin de la confirmer.

Il aimait passionnément son art et son cœur battait au souvenir des bienfaiteurs qui l'avaient aidé dans ses mauvais jours ou qui l'avaient encouragé dans ses travaux. Il ne s'attristait pas de la retraite à laquelle il était condamné par son état de souffrance depuis son dernier et immense travail ; néanmoins, on l'entendait répéter, quelquefois, qu'il regrettait de ne pouvoir plus assister, comme ses confrères, aux soirées du Louvre, qui marqueront dans les annales des arts et où le chef éminent (**) s'acquitte de son bienveillant accueil avec toute l'aménité de l'artiste et le bon goût de l'homme du monde. Il témoignait à ses élèves la plus tendre affection et il y a peu de jours qu'il se dirigeait péniblement vers les concours, pour voir, pour mieux connaître les essais des concurrents qui faisaient

(*) M. Couder, qui, par une délicate réserve, en rappelant ce mutuel succès, s'est effacé lui-même pour le laisser tout entier à son ami.

(**) M. le comte de Nieuwerkerke, directeur général des Musées, intendant des Beaux-Arts.

tissement, et partagea les 4,000 francs de récompense de cette exposition avec celui du *Lévite d'Éphraïm*, dont l'habile auteur, M. Couder, membre de l'Institut, a été précisément chargé d'interpréter les regrets de l'Académie des Beaux-Arts aux funérailles solennelles de son confrère et ami, et a rempli cette pieuse mission avec autant de sentiment que de vérité (1). Une dernière circonstance témoigne de la faveur dont jouit alors ce tableau. Il fut, en 1819, par ordre du ministre de la maison du roi, copié en tapisserie des Gobelins, et voici en quels termes le *Moniteur* du 6 janvier terminait l'annonce de cette décision : « M. Abel de Pujol, auteur de ce bel ouvrage, doit se féliciter d'une pareille distinction, car il y trouve

---

l'objet de son infatigable sollicitude. Au milieu des vœux et des soins qui l'environnaient et qui se retrouvaient tout entiers dans le rare dévouement de la compagne qu'il s'était choisie, on pouvait espérer que sa carrière se prolongerait encore, mais hélas! le terme en était marqué par la Providence, et nous l'avons vu, en quelques instants et après quelques paroles entrecoupées, s'éteindre pour jamais, ne laissant que son nom à sa malheureuse veuve...., à ses quatre fils qui sont dignes de le porter, dans les positions qu'ils se sont acquises par leur travail et leur mérite.

Qu'il nous quitte donc et que son âme remonte vers son Créateur, qui lui avait accordé le don de retracer les symboles sacrés de la religion qui seule peut nous donner du courage dans nos souffrances et nous consoler de la perte même de nos meilleurs amis !

(1) Voir son discours.—Voir aussi celui de M. Lemaire.

à la fois la récompense de son travail et un nouveau
motif de reconnaissance pour l'administrateur qui le lui
a confié. »

Cette année de 1819 (1) eut aussi son *Salon*, et
Abel de Pujol y fit paraître son tableau de la *Vierge
au tombeau* pour l'église de Notre-Dame, tableau qui
réunit de grandes qualités, mais qui n'atteignit pas la
supériorité du *Saint-Étienne*. A la même époque, chargé
par le ministre de la maison du roi de décorer le plafond
du grand escalier du Louvre, il y représenta le beau et
noble sujet de la *Renaissance des Arts*. Cette œuvre,
justement estimée, devait trouver une garantie de durée
dans la durée du monument lui-même. Cependant, en
1855, elle a disparu devant des nécessités architecturales
pour être reproduite sur le plafond de la Bibliothèque de
l'Empereur.

A 72 ans, Abel l'a exécutée avec une vigueur que
cet âge refuse ordinairement, et que la Providence
avait voulu lui conserver, comme un dédommagement
de la destruction de l'un de ses meilleurs ouvrages.

On était sur la fin de 1820. La peinture à fresque, à
laquelle l'Italie est redevable de tant de chefs-d'œuvre,

---

(1) J'exposai à ce Salon un tableau de l'*Assomption de la Vierge,*
qui m'avait été commandé par le Préfet pour l'église de St-Germain-
l'Auxerrois.

et qui, en France, avait si bien inspiré Mignard au Val-de-Grâce, il y a près de deux siècles, était tout à fait abandonnée. Il appartenait au Préfet de la Seine, dans sa rare sollicitude pour les arts, de la faire revivre, de manière que ses nouveaux résultats pussent servir d'enseignement et d'exemple. Il choisit en conséquence Abel de Pujol pour décorer, dans l'église de St-Sulpice, la chapelle de St-Roch, et y retracer les miracles et la mort de ce saint. En moins de quinze mois il eut terminé ce remarquable travail avec une perfection qui, depuis près de quarante années, n'a pas éprouvé la moindre altération dans son caractère spécial, sa force et sa réalité. L'approbation générale lui fut acquise, et le roi Louis XVIII récompensa l'auteur par la croix de la Légion d'honneur. Ici encore, Messieurs, et pour bien préciser le haut intérêt que l'autorité supérieure attacha à ce brillant essai, je citerai le *Moniteur*. Il s'exprime ainsi dans son numéro du 8 janvier 1822 :

« Le préfet a reconnu, avec une commission d'artistes distingués, attachés à son administration, l'état de cet important travail, et, sur sa demande, l'Académie des Beaux-Arts elle-même a voulu en prendre connaissance. M. le ministre de la maison du roi et plusieurs personnes de distinction l'ont également visité. Il paraît juste de dire, sans devancer l'opinion définitive du public, qu'au jugement d'un grand nombre d'artistes, M. Abel s'est montré à la fois grand compositeur et grand coloriste, et qu'il a levé toutes les incertitudes qu'on pouvait encore avoir sur l'application du procédé de la fresque en France. On se plaît donc à penser que le gouvernement ne tardera pas à confier de nouveaux travaux à cet habile artiste, qui paraît réunir à un si haut degré toutes les qualités nécessaires pour ce genre de peinture. »

Maintenant, Messieurs, sans omettre de dire que son talent, aussi fécond que flexible, ne perdit jamais un instant pour se produire, sans oublier notamment la part qu'il prit aux restaurations de Fontainebleau (1), j'arriverai aux peintures considérables qu'il exécuta, en 1825, dans le palais de la Bourse. M. le préfet et sa commission des Beaux-Arts, par un louable discernement, avaient voulu qu'à cause de leur destination, ces peintures fussent en grisaille, peinture d'une seule couleur, ne rendant que

---

(1) *Extrait du discours de M. le comte Walewski, ministre d'Etat de l'Empereur, prononcé à l'Ecole des Beaux-Arts le samedi 28 décembre 1861.*

« Un dernier mot, Messieurs, je parle de nos peintures murales, et mon souvenir se reporte vers ce vieillard aimé et estimé que l'Académie a perdu récemment et dont le nom reste attaché aux vastes restaurations de Fontainebleau, à l'église de St-Sulpice et à l'édifice de la Bourse. M. Abel de Pujol a bien rempli sa longue carrière, et quand il s'est présenté à l'Exposition universelle pour y faire confirmer ses titres d'honneur, le jury, au nom de la nouvelle génération, lui a décerné la médaille de première classe.

» C'est encore là, jeunes gens, un exemple à ajouter à tant d'autres. S'il n'est pas donné à tous de se survivre dans des œuvres irréprochables, il y a encore, sans atteindre au premier rang, plus d'une place d'élite, et le travail qui a été le bonheur d'une longue vie, s'il ne laisse pas toujours la gloire après lui, laisse du moins une douce et enviable renommée. »

le clair et l'ombre et imitant la sculpture. Vous savez avec quelle habileté ces conditions ont été remplies, et combien journellement l'illusion du spectateur est complète dans cette ingénieuse substitution de l'artifice à la réalité (1).

Peu de temps après, et en 1826, je trouve Abel de Pujol composant de grands dessins ou cartons pour des peintures sur verre destinées à l'église de Sainte-Élisabeth Le préfet de la Seine, dans un voyage en Angleterre, avait été frappé de la beauté des vitraux des cathédrales qu'il avait visitées, et notamment celle de Cantorbéry, Il avait voulu en avoir de semblables pour Paris, et ramener en France le goût et l'exercice de cet art, qui y avait eu tant de faveur du temps des Albert Durer, Jean Cousin et autres maîtres des seizième et dix-septième siècles. Dans ce but il avait fait venir deux artistes anglais (Warren-Withe et Jones) qui possédaient une réunion de couleurs dont ils prétendaient avoir seuls le secret. Il est juste de dire que leur travail, soit pour Sainte-Élisabeth, soit pour Saint-Étienne du Mont, répondit à ce que l'on devait en attendre ; mais à l'égard de leur secret ou plutôt de leur procédé, soumis à l'examen du savant chimiste M. Brongniart, qui dirigeait

----

(1) Une grisaille qu'il avait faite dans l'église de Saint-Roch, sur la commande du curé Ollivier, a été dégradée par l'humidité.

alors la manufacture de porcelaine de Sèvres, il fut bientôt connu, et l'on sait que les vitraux qui depuis lors sortirent de cet établissement surpassèrent les anciens, sinon pour le coloris, du moins par la correction du dessin et l'élévation du style. On lui doit le beau tableau de l'*Assomption de la Vierge*, qui fut placé, en 1830, dans l'église de N.-D. de Lorette. Voilà donc le point de départ de la renaissance de cette peinture parmi nous, et le concours utile que lui a prêté Abel de Pujol.

Une autre création artistique attendait ce concours toujours si prompt et si actif, c'était de peindre sur un émail appliqué à la pierre volcanique de Volvic, près de Riom (Puy-de-Dôme).

Pendant la période de 1816 à 1830, cette pierre avait été préférée pour les trottoirs de la capitale, et avait fourni aussi, les plaques des inscriptions des rues. C'est ce dernier emploi qui avait fait penser au préfet qu'au moyen de grandes surfaces émaillées, on pourrait y fixer invariablement des peintures historiques, et leur assurer ainsi une durée exceptionnelle et monumentale. Un homme intelligent, un artiste pratique (M. Mortelèque) (1)

---

(1) Hachette, neveu de Mortelèque, dirige un atelier important de cette peinture, rue du Faubourg-Saint-Denis, 216. M. Larribe vient de lui faire commander une inscription monumentale pour Alise-Sainte-Reine (Côte-d'Or).

avait déjà fait des essais dans ce sens. M. de Chabrol s'empressa de le réunir à Abel de Pujol qui, sous ses conseils, exécuta, avec un plein succès, les peintures de ce genre qui ornent le maître-autel de la chapelle de la Vierge à Sainte-Élisabeth.

Il y a quelques années que l'un de nos architectes les plus distingués, M. Hittorff, membre de l'Institut et de la Société libre des Beaux-Arts, avait été autorisé à faire décorer, de cette manière, le dessous du porche de l'église de Saint-Vincent de Paul. M. Jollivet (2), peintre d'histoire, avait commencé ce travail dans de grandes proportions ; mais une résolution préfectorale le lui fit abandonner. Quoi qu'il en soit, cette peinture, qui appartient également aux beaux-arts et à l'industrie, se propagera, et le nom d'Abel de Pujol restera inséparable de la découverte et de ses premiers résultats.

Après la révolution de juillet 1830, la source de tous les travaux qui venaient au-devant de ses vœux et de son ardeur fut tarie. M. de Chabrol était remplacé dans la préfecture de la Seine, ainsi que les collaborateurs qui l'avaient si bien secondé dans la partie des arts. Des

---

(2) Il a publié un intéressant mémoire sur cette peinture. Le *Moniteur* du 29 décembre 1859 a donné aussi un très-bon article par M. Dalloz.

rivalités, des ambitions personnelles s'agitèrent aussitôt pour faire exclure Abel de Pujol des commandes municipales ; cependant il ne resta pas inoccupé, et déjà il avait assez fait pour aspirer à la haute distinction de l'Institut. L'Académie des Beaux-Arts la lui décerna, le 8 août 1835, en remplacement du baron Gros (1).

S'il était oublié à la préfecture de la Seine, il ne l'était pas de même au ministère de l'intérieur et à l'ancienne intendance civile. — Il y obtint successivement divers travaux et notamment au Louvre, dans le musée de Charles X, à la Madeleine, et dans la salle des séances de la Chambre des pairs. Là, Messieurs, je m'arrête pour laisser vos souvenirs se reporter sur l'incendie qui, le 28 octobre 1859, consuma cette salle et anéantit entièrement les peintures d'Abel de Pujol, perte d'autant plus sensible pour lui qu'il était hors d'état de la réparer. Je vous laisse confondre dans la même pensée cette destruction et celle du travail de l'escalier du Louvre, et vous demander comment il a fallu que sa vieillesse fût frappée de cette double affliction. Il en parlait souvent lui-même, mais avec résignation, en ajoutant qu'il en avait eu le prélude, lorsqu'en 1848, son tableau de *César aux ides*

---

(1) Il a reçu la croix d'officier de la Légion d'honneur le 12 août 1853.

de mars, de la galerie d'Orléans, fut lacéré, le 24 février, et probablement brûlé sur la place du Palais-Royal.

A l'Exposition universelle de 1855, il fit paraître, indépendamment du *Martyr de Saent-Étienne* et de la *Sainte Vierge mise au tombeau,* le sujet des *Danaïdes,* grisaille imitant le bas-relief, et un tableau de 1845 qui n'avait pas encore fait partie du *Salon.* Il en devait la commande au ministre de l'intérieur, qui lui avait laissé le choix du sujet. *La ville de Valenciennes encourageant les Arts,* voilà l'allégorie qu'il choisit et qu'il développa très-heureusement sur une toile de quatorze pieds de largeur sur douze de hauteur. C'était le gage de sa profonde reconnaissance pour la cité où il avait vu le jour, où ses débuts dans la carrière avaient été si généreusement encouragés, et où plus tard il n'avait cessé de trouver l'accueil le plus sympathique et les félicitations les plus honorables. Ce noble et vaste album valenciennois est placé dans la salle du Conseil municipal, comme un des plus beaux titres de Valenciennes à la protection et aux succès des arts, dont ses habitants possèdent à un si haut degré l'intelligence et le goût.

A la mort d'Abel de Pujol, ce tableau et celui des *Danaïdes* qu'il venait de céder à la ville, ont été recouverts d'un crêpe funèbre, et, le 30 octobre suivant, un service religieux et solennel était célébré pour consacrer

les regrets publics par la prière et le recueillement.
L'autorité municipale a donné dans cette pieuse circonstance un exemple qui ne saurait être trop rappelé,
car il concourt à l'inappréciable·effet si bien caractérisé
à l'inauguration de la statue du Poussin aux Andelys
par les paroles suivantes (1):

On fait renaître le génie en l'exaltant quand il n'est plus.

Si j'ai omis, Messieurs, plusieurs des morceaux précieux de l'œuvre considérable d'Abel de Pujol (2), les
principaux, que j'ai cités, suffisent parfaitement pour
justifier la brillante réputation qu'il s'est acquise, et pour
lui assigner dans la postérité un rang très-élevé parmi
les maîtres célèbres de l'école française. Travailleur infatigable, compositeur fécond, coloriste vigoureux, il n'a jamais reculé devant aucune grande entreprise, évitant d'ail-
leurs les petites, et surtout les portraits, parce qu'il savait
qu'il n'y réussissait pas. Sans doute trompé par cette
rare facilité, il s'est parfois éloigné de l'élévation du
style et de la pureté d'exécution que lui avait enseignées

---

(1) Strophes par M. Caumont, receveur des finances à Paris.

(2) Un tableau de *Germanicus* n'avait pas reçu de destination. On
espère qu'il sera acheté par le ministère d'Etat. Il est exposé au
palais de l'Industrie.

Il a fait des peintures assez importantes dans l'église du Saint-
Sacrement, rue Saint-Louis.

l'école de David ; il faisait trop, comme on le lui repro-
chait ; plusieurs de ses productions s'en étaient ressenties,
mais il n'en brille pas moins par de grandes qualités,
et son nom, inscrit dans tant de monuments, s'inscrira
pour jamais dans les annales des beaux-arts de la France.

Parlerai-je à présent des dernières années de sa vie?
Devenu veuf en 1855, il épousa, en 1856, Melle Grand-
pierre - Deversy, l'une de ses anciennes -élèves, peintre
distinguée, qui lui a prodigué des soins et montré un
dévouement que tous ses amis ont remarqués, soins et
dévouement que son état de souffrance et de gêne lui ren-
daient de plus en plus nécessaires ; oui, Messieurs, et
c'est pénible à dire, son avoir en revenu, y compris
sa rétribution de l'Institut, ne dépassait pas 4,500 fr....
Comment, après tant de travaux, ne s'était-il pas ménagé
une meilleure position ? Les causes principales en sont,
d'abord l'éducation et l'établissement de ses quatre fils,
ensuite la vente forcée, en 1848, d'une maison qui, vingt
ans auparavant, lui avait coûté à construire le double
de ce qu'il l'avait vendue. Hélas! nous le savons, la
fortune a ses inconstances et ses rigueurs, et bien souvent il n'est pas donné à toute la prévoyance humaine de
les conjurer. Du reste, cet état d'infirmité et presque de
détresse n'ôtait rien à la sérénité de son caractère. Son
esprit était toujours gai et facile, et malgré la paralysie
qui rendait sa parole difficile, il ne laissait échapper

aucune occasion de s'entretenir de son art qu'il aimait passionnément, de ses camarades, de ses confrères dont il était toujours prêt à louer le mérite et les succès, enfin de ses chers élèves qui avaient été jusqu'à ses derniers instants l'objet de sa vive sollicitude (1). Son cœur bon et

---

(1) Discours prononcé par M. Bracq, Maire de Valenciennes, le 3 novembre 1861 :

MESSIEURS,

Nous assistons de nouveau à l'un de ces triomphes qui paient largement à de longues heures d'attente et de veilles, qui réchauffent les imaginations et doublent les forces de la jeunesse de nos Académies en lui montrant combien est glorieux le but vers lequel elle aspire. Si le corps a besoin de nourriture, l'âme aussi éprouve parfois le besoin de se retremper à ces sources précieuses où se puisent les inspirations du génie. Heureusement, Messieurs, si le feu sacré sommeille quelquefois chez nous, il ne s'éteint jamais. Ne semble-t-il pas, en effet, que nos jeunes artistes, s'inspirant de ce vieux principe monarchique : *le Roi est mort, vive le Roi!* aient voulu rendre leur phalange immortel, et ne sommes-nous pas les témoins de ce spectacle émouvant, plein de regrets et de consolations tout à la fois, d'un astre qui s'éteint et d'un astre qui apparaît à l'horison ?

Cette réflexion, Messieurs, reporte douloureusement notre pensée sur la perte cruelle que viennent d'éprouver les Arts et tout particulièrement la ville de Valenciennes, et je ne crois pas amoindrir le triomphe de M. Moyaux en évoquant, au milieu de cette ovation, le nom célèbre et vénéré d'Abel de Pujol.... Abel de Pujol ne fut-il pas, en effet, le fondateur de cette dynastie d'artistes dont le règne répand tant d'éclat sur notre cité ; ne fut-il pas le premier à inaugurer ces marches triomphales qui depuis lors se succèdent sans interruption ? Il est des noms, Messieurs, qui doivent être pieusement conservés dans le cercle de la famille, il en est d'autres, au contraire,

obligeant était rempli des sentiments de la plus chaleu-
reuse reconnaissance, et je ne puis mieux les résumer

qui appartiennent à la société toute entière, et qui ne se trouvent
déplacés dans aucune circonstance : le nom de notre Abel est de ce
nombre ; il est immortel, car il est écrit en caractères impérissables
dans nos palais de l'Industrie, dans nos Musées, dans la demeure
des Souverains, dans les Temples du Très-Haut. Mais si Abel de
Pujol honorait les arts par la splendeur de son talent, il n'honorait
pas moins l'humanité par la noblesse de son caractère.

Abel de Pujol, on peut le dire, fut la Providence de nos jeunes
artistes. Vous savez avec quelle généreuse expansion son cœur et sa
bourse étaient ouverts à tous, et combien de talents éclos au grand
jour seraient peut-être restés dans l'obscurité sans ses conseils
dévoués, sans ses généreux encouragements, sans la bonté pleine
d'autorité avec laquelle il les relevait de ces défaillances qui s'atta-
quent quelquefois même aux cœurs les plus vaillants.

Et sa ville natale ! quel culte passionné il professait pour sa renommée, de quelle affectueuse reconnaissance il l'entourait, croyant ne
pouvoir jamais acquitter une dette qu'il avait payée au centuple.
Mais tel est le propre des grandes âmes, d'oublier vite le bien
qu'elles ont fait, pour ne se souvenir que de celui qu'elles ont reçu.

Ma parole est bien faible et bien téméraire peut-être, je n'ai cependant pu résister au besoin de rendre un hommage public à la mémoire
du grand artiste dont le caractère fut toujours à la hauteur du talent.
Mais si nous avons trouvé au fond de notre cœur de vifs et sincères
regrets pour celui qui n'est plus, il y reste encore assez de chaleur
pour adresser à notre jeune Lauréat nos affectueuses félicitations.
Grâces donc et merci, grâces et merci à M. Moyaux qui vient de
verser sur une plaie encore saignante un baume aussi salutaire.
Honneur à M. Moyaux, dont le succès hors ligne vient d'ajouter une
si b elle page à notre histoire artistique locale ! Reconnaissance à

qu'en rappelant l'ardeur presque téméraire qu'il mit, en
1815, à se joindre au célèbre Gros pour demander que

M. Moyaux, car si les acclamations qui ont accueilli son retour et
qui révèlent d'une manière éclatante les aspirations artistiques du
pays sont la couronne du vainqueur, de cette couronne tomberont
abondamment les semences de nouveaux triomphes. J'ai parlé des
aspirations artistiques du pays, Messieurs, jamais vérité reçut-elle
une confirmation plus immédiate? Monsieur Moyaux n'est point, à
proprement parler, un enfant de Valenciennes, voyez cependant avec
quelle distinction, avec quel affectueux enthousiasme nous l'accueil-
lons, avec quel entraînement nous avons joint nos acclamations à
celles de nos heureux voisins; c'est que M. Moyaux est avant tout
un artiste de grand avenir, c'est qu'en fêtant M. Moyaux et tous les
Lauréats qui l'ont précédé, Lauréats cependant semblables à ces
brillants météores de passage qui vont éclairer une scène plus vaste,
nous avons obéi à un large instinct qui nous révèle qu'un pays,
qu'une ville ne doivent pas vivre d'un intérêt matériel et égoïste,
mais que l'honneur, mais que la gloire sont ses premiers besoins,
car là repose le principe de tout ce qui est bien, de tout ce qui est
beau.

En disant que M. Moyaux n'est pas un enfant de Valenciennes,
n'ai-je point eu tort de proclamer une vérité simplement matérielle,
car si le nom de notre jeune Lauréat n'est point inscrit sur nos
registres de l'état-civil, n'est-il point inscrit en caractères brillants et
ineffaçables dans les fastes de nos Académies dont les portes se sont
ouvertes à sa jeunesse? n'est-ce pas là que se sont préparés ses
premiers succès? ne l'avons-nous pas toujours suivi de nos vœux les
plus ardents, de notre sollicitude la plus inquiète? Qu'il nous soit
donc permis de le revendiquer comme l'un des nôtres, et de placer
son nom auprès de ceux des Abel de Pujol, des Henri Lemaire, des
Crauck, des Carpeaux et des Guillaume.

Messieurs, à M. Moyaux, à notre enfant d'adoption !

notre maître vénéré, l'illustre David, qui venait d'être condamné à l'exil, n'allât pas mourir sur la terre étrangère.

J'unis moi-même mes faibles vœux à cette impuissante manifestation, et j'aime à lui reporter la sincère amitié que, depuis cette époque, il n'a cessé de me témoigner.

Tel est donc, Messieurs, l'homme déjà célèbre, l'ami, le confrère, à qui nous consacrons aujourd'hui notre admiration et nos regrets, en invoquant pour ces témoignages, quelque faibles qu'ils soient, la sauvegarde de l'histoire, qui souvent retire de l'oubli les monuments et les noms que le temps a détruits ou effacés, fait revivre leur souvenir et assure leur immortalité.

Paris, 11 novembre 1861.

www.ingramcontent.com/pod-product-compliance
Lightning Source LLC
Chambersburg PA
CBHW061801060726
47597CB00007B/3051